DE L'EXCELLENCE

DU

POUVOIR ABSOLU,

OU

DE QUOI VOUS PLAIGNEZ-VOUS?

PAR RABAN.

La nation, c'est moi.

Louis xiv.

PARIS,

CHEZ TOUS LES LIBRAIRES DU PALAIS-ROYAL

ET CHEZ LES MARCHANDS DE NOUVEAUTÉS.

FÉVRIER 1824.

DE L'EXCELLENCE

DU

POUVOIR ABSOLU,

OU

DE QUOI VOUS PLAIGNEZ-VOUS?

IMPRIMERIE DE SÉTIER,
Cour des Fontaines, n.° 7.

DE L'EXCELLENCE

DU

POUVOIR ABSOLU,

OU

DE QUOI VOUS PLAIGNEZ-VOUS?

PAR RABAN.

La nation, c'est moi.
LOUIS XIV.

A PARIS,

CHEZ TOUS LES LIBRAIRES DU PALAIS-ROYAL,
ET CHEZ LES MARCHANDS DE NOUVEAUTÉS.
1824.

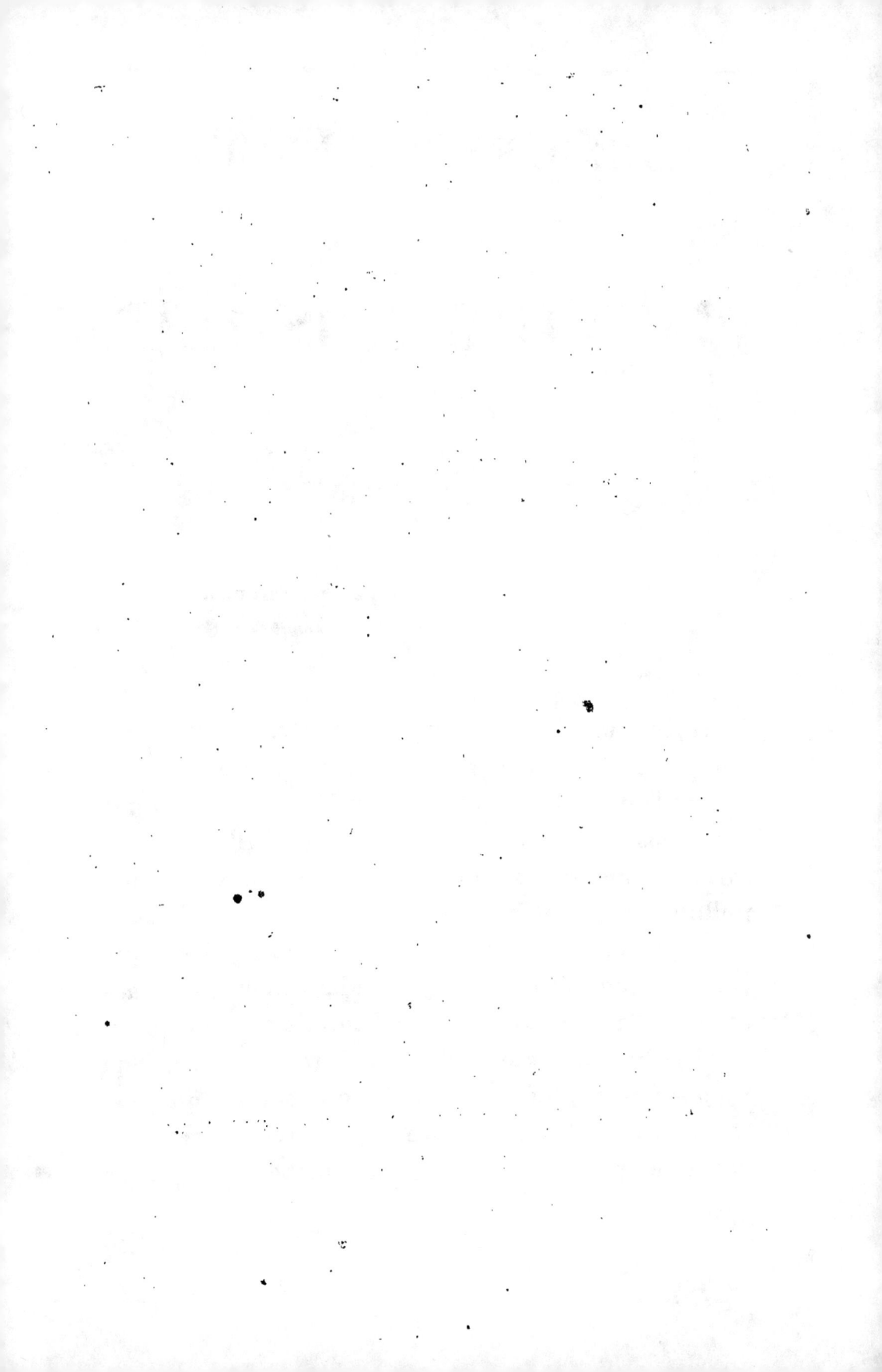

DE L'EXCELLENCE

DU

POUVOIR ABSOLU,

OU

DE QUOI VOUS PLAIGNEZ-VOUS?

> La nation, c'est moi.
> LOUIS XIV.

Chaque jour, à chaque instant, j'entends autour de moi parler de liberté : nous voulons être libres, nous devons l'être, la liberté est le premier et le plus grand des biens; l'homme est né libre, etc. : telles sont les sornettes que de prétendus philosophes, dont le monde pullule, répètent jusqu'à satiété. Je ne leur demanderai pas ce qu'ils entendent par liberté, bien que j'aie quelque raison de croire qu'ils ne sont pas d'accord sur l'acception et la définition de ce grand mot; mais je me contenterai de leur faire cette question : *De quoi vous plaignez-vous?* Vous assurez qu'il est très-agréable de vivre libre, et je veux bien vous croire sur parole; il est seulement fâcheux que, pour vivre libre, il faille vivre seul, attendu qu'il est physiquement impossible que des hommes vivent en société sans cesser d'être libres. Allez donc, si cela vous convient, établir votre domicile dans quelque coin désert du Nouveau-Monde ; je ne pense point que les souverains s'opposent à cela ; je suis au contraire persuadé qu'ils s'en réjouiront ; car des sujets philosophes ne sont pas la chose du monde la plus agréable pour un roi ; les princes les regardent comme des esprits malins envoyés sur la terre tout exprès pour leur rendre la vie dure, et ils ne désirent rien plus ardemment que d'être débarrassés de ces éternels censeurs. Un peuple qui raisonne est très-difficile à gouverner ; or, les philosophes étant essentiellement raisonneurs, et la philosophie étant une maladie contagieuse, c'est une espèce d'épidémie qui menace de faire les plus grands ravages si l'on n'y apporte quelque remède prompt et efficace, et je ne sais point de meilleur moyen pour détruire le mal que d'en arracher la racine. Malheureusement les souverains y regardent à deux fois aujourd'hui pour faire brûler ces enragés ; c'est en vain que de *très-honnêtes gens* se mettent en quatre pour prouver que c'est là une *rigueur nécessaire :* les bûchers ne s'allument pas plus vite, et l'inquisition ne recouvre rien de son antique splendeur. Je soutiens pourtant que non-seulement ce serait faire justice, mais que ce serait encore une œuvre pie ; car il est évident que les philosophes sont des hérétiques, et les hérétiques étant les ennemis de Dieu, on ne saurait mieux le servir qu'en les exterminant : demandez plutôt aux enfans de Loyola.

Espérons pourtant que le *bon temps* reviendra : il ne faudrait pour le ramener qu'une croisade ou deux contre ces infâmes qui remplissent le monde de leurs clameurs et surtout de leurs raisons. Je ne conçois pas qu'on n'ait pas encore entrepris cette expédition, et je ne sais à quoi cela tient. Nous ne manquons pas de soldats ; les absolutistes ont l'âme.... je voulais dire l'humeur plus belliqueuse que jamais, et nous avons mille *Cucupêtre* (1) pour un. Il est impossible qu'on ne sente pas bientôt la nécessité de purger le monde de ces ergoteurs ; mais, en attendant cet heureux instant après lequel, ainsi que je l'ai dit, tous les *honnêtes gens* soupirent, je veux essayer de battre ces impies avec leurs propres armes : la raison ; et c'est ce qui me fait leur adresser cette question : *De quoi vous plaignez-vous?* Car, encore un coup, les hommes ne peuvent vivre en société sans cesser d'être libres. Nous ne voulons pas, diront-ils, une liberté illimitée; mais nous voulons être libres autant qu'il est possible de l'être. Il est incontestable que de tout temps le nombre a fait la force, de même que, dans le principe, la force a fait la loi. Or, le nombre des gouvernés étant plus considérable que celui

---

(1) Cucupêtre ou Coucoupêtre fut le premier moine qui prêcha les croisades.

des gouvernans, il est clair que les gouvernans ne tiennent leur pouvoir que des gouvernés. Nous reconnaissons la nécessité de confier les rênes du gouvernement à des chefs habiles ; mais nous voulons que ces chefs soient de notre choix ; par ce moyen, notre liberté n'aura de bornes que celles que nous y aurons mises volontairement.

A cela je réponds : Vous prétendez que le pouvoir vient du peuple, et cependant vous nous assurez que la plupart des hommes qui gouvernent aujourd'hui n'ont pas eu le suffrage des gouvernés : c'est donc par la force qu'ils sont parvenus au pouvoir ? Mais la force est de votre côté : vous avez, dites-vous, le grand nombre, la majorité ; vous ajoutez que la majorité fait la loi, et une ordonnance, un ukase, un décret vous font trembler ; cela ne vous prouve-t-il pas que Dieu seul fait les rois, et que les nations ne sont ici-bas que pour obéir et se taire ? Ne vaut-il pas mieux, d'ailleurs, avoir à obéir à un maître qu'à dix ? Et si vous mettez en avant votre proverbe favori, *vox populi, vox Dei*, je vous prouverai que cette maxime est tout-à-fait contre vous ; car si la voix de Dieu est la voix du peuple, et si les rois tiennent leur pouvoir de Dieu, *De quoi donc vous plaignez vous ?*

Mais, disent ces raisonneurs, ce n'est pas tant d'être gouvernés par des rois qui provoque nos murmures ; nous nous plaignons surtout de ce que plusieurs de ces rois s'arrogent sur les peuples un pouvoir absolu ; nous voudrions que le pouvoir des gouvernans fût contrebalancé par un autre pouvoir, de sorte que l'un relevant sans cesse les sottises de l'autre, *et vice versâ*, il en résultât que chacun d'eux s'attachât à n'en pas faire. Par exemple, nous nous contenterions d'un gouvernement représentatif fortement constitué ; c'est, avec le républicain, le seul genre de gouvernement qui s'accorde avec la raison et la justice.

Le gouvernement représentatif, le gouvernement républicain !.... Vous en revenez toujours à vos vieilles amours, ou plutôt vous ne sortez pas de là : ce sont des retranchemens que vous croyez inattaquables ; mais, si vous êtes les plus nombreux et les plus forts, qui vous empêche de créer des gouvernemens à votre guise ? C'est qu'après avoir essayé de ces différens systèmes, vous avez été contraints d'en revenir au pouvoir absolu. En effet, il n'est pas de gouvernement qui réunisse tant d'avantages ; rien n'entravant sa marche, il va droit au but, et y atteint promptement ; ses lois sont aussitôt exécutées que rendues ; quelquefois même elles sont exécutées avant leur promulgation, et personne ne s'avise de s'en plaindre haut ; car il est peu de gens jaloux de passer quelques années dans un donjon, et le chef d'un gouvernement absolu a toujours à sa disposition de ces sortes de retraites destinées à loger les mécontents, les philosophes et les raisonneurs. Un roi absolu peut d'ailleurs mourir quand il lui plaît ; son héritier monte aussitôt sur le

trône sans qu'il soit besoin que le peuple s'agite et se
donne des soins pour lui élire un successeur; et cette
tranquillité, cette impassibilité, ne laisse pas d'avoir
son prix. A cela, mes antagonistes opposent un argu-
ment. Nous supposons, disent-ils, qu'un roi absolu
réunisse toutes les qualités nécessaires pour bien gouverner; mais, de même qu'un homme d'esprit peut être
le fils d'un idiot, il est aussi possible qu'un grand roi
soit le père d'un homme inepte et incapable, et cet
homme pourtant est destiné à gouverner.

Ne dirait-on pas, d'après ce pauvre raisonnement,
qu'il faut être un grand génie pour arriver au pouvoir, signer et contresigner des décrets, et dire :
Je veux cela, parce que je le veux? Les ministres
des rois reçoivent-ils donc deux cent mille francs
de traitement pour ne rien faire? Mais, diront mes
disputeurs, si les rois qui font des lois, énonçaient
les raisons qui les ont déterminés à faire une loi dans
un sens plutôt que dans un autre, est-ce que ces
lois en seraient moins ponctuellement exécutées? Il
est encore facile de pulvériser ce raisonnement: d'a-
bord, pour énoncer des raisons, il faut en avoir, et
quand on n'en a pas, il faut en forger, ce qui est un
passe-temps fort ennuyeux; en second lieu, qu'a de
commun la raison avec la volonté ou les volontés
d'un souverain (1)? Cela sera ainsi, parce que je le

_____

(1) C'est toujours d'un souverain absolu qu'il s'agit, et pas du
tout d'un roi constitutionnel.

veux; je le veux, donc cela doit être; car nous avons établi en principe que la volonté des rois (1) doit être exécutée ponctuellement. En Turquie, par exemple, le grand seigneur peut chaque jour faire abattre quatorze têtes sans être obligé de dire pourquoi; seulement lorsqu'il lui prend la fantaisie d'en faire tomber un plus grand nombre, ce qui arrive souvent, il ne manque pas de dire qu'il en a agi ainsi, parce que *tel a été son bon plaisir*, et le peuple turc est trop juste pour trouver mauvais que son souverain prenne son plaisir où il le trouve; et puis cette coutume a le double avantage de tenir les sujets dans l'obéissance et les bourreaux en haleine: malheureusement nous sommes encore loin, en Europe, d'avoir atteint à ce point de perfection; et je prédis même que nous n'y arriverons que lorsque nous aurons trouvé le moyen de nous débarrasser des maudits raisonneurs qui entravent sans cesse notre marche. Pour cela, il serait bon de les envoyer, non pas au diable, car ce sont eux-mêmes des démons incarnés que l'enfer ne saurait effrayer, mais de les envoyer, pieds et poings liés, au Grand-Turc, en le priant d'en user envers eux

---

(1) Nous croyons nécessaire de rappeler une fois pour toutes que nous entendons par *roi* le souverain absolu d'une nation, et non le chef d'une monarchie tempérée ou constitutionnelle, sorte de gouvernement inventé par cette peste de raisonneurs que nous nous attachons à combattre, et que tous les *honnêtes gens* ont en horreur.

selon son *bon plaisir*. En attendant, continuons à les forcer dans leurs retranchemens.

D'après ce que nous avons avancé relativement aux ministres, les prôneurs de la liberté ne manqueront pas de nous dire : Vous avouez que les rois sont gouvernés par les ministres ; or, il est incontestable que les ministres sont eux-mêmes gouvernés par leurs femmes ; celles-ci sont sous l'influence de leurs amans ; ces derniers, enfin, sont gouvernés par des courtisannes, et les courtisannes sont à la dévotion de tout homme qui possède un peu d'or : ne voilà-t-il pas un peuple bien gouverné ?

Voyez pourtant ce que c'est que de défendre une mauvaise cause ! On est amené à forger des argumens contre soi-même : s'il en est ainsi, c'est-à-dire si, en fait de gouvernement absolu, le point de départ est dans la volonté du peuple, *De quoi donc vous plaignez-vous ?*

Mais, diront les philosophes, car ces gens-là ont toujours quelque chose à dire, vous ne pouvez nier que sous un souverain absolu, les abus soient mille fois plus nombreux et plus criant que sous toute autre espèce de gouvernement : par exemple, cette loi absurde du droit d'aînesse....

Cette loi, pourront répondre les absolutistes, est sans contredit la plus sage qui soit émanée d'un législateur ; d'abord elle peuple les couvens, ce qui est très-utile à la société, ensuite elle empêche les propriétés de se diviser à l'infini ; les propriétés n'étant pas divisées, il s'ensuit que les riches propriétaires sont en plus grand nombre ; or le nombre fait la force, et la force fait la loi : vous voyez donc bien que nous, qui voulons faire la loi, avons raison de nous entourer d'un grand nombre d'hommes puissants. D'ailleurs, les plus grands propriétaires sont ceux qui, d'après vos principes, doivent représenter la nation, et puisqu'il est évident que ces gens-là sont de notre avis, *De quoi donc vous plaignez-vous ?*

Au surplus il est facile de prouver que le droit d'aînesse remonte à la plus haute antiquité ; il suffit pour cela de lire l'histoire d'Esaü. Il est évident que nos ancêtres avaient beaucoup plus d'esprit que nous, et nous ne saurions mieux faire que d'imiter des gens si sages, de pieux patriarches qui ne se doutaient seulement pas du gouvernement représentatif, auquel vous feriez bien vous même de ne plus penser.

Cependant nous aurons beau répéter cela, les philosophes n'en feront rien ; ce sont des enragés, des incorrigibles dont la corde, le bûcher, ou quelque bonne fusillade, pourra seulement nous débarrasser ; mais ainsi que je l'ai dit plus haut, et ce qui est véritablement déplorable, c'est qu'on a perdu l'habitude d'en agir ainsi envers ces âmes damnées : je ne vois pas cependant quel inconvénient il y aurait à remettre en usage cette méthode qui est fort ancienne, et par conséquent excellente, car nous sommes, nous autres *honnêtes gens,* LES

PLUS NOMBREUX, LES PLUS FORTS ET LES PLUS HABILES , et cela est si vrai , qu'à force de le répéter , nous avons fini par nous le persuader , et par le faire croire à quelques bonnes gens qui en doutaient encore. Puisqu'il en est ainsi, tâchons donc de leur porter encore quelques bottes , en nous servant de l'arme qu'ils affectionnent, et croyons fermement que cela ne sera que peloter en attendant partie ; les nuages s'amoncèlent, et le coup de tonnerre qui doit anéantir cette race maudite , ne tardera pas à se faire entendre.

Il est une position dont nos adversaires se sont emparé , et qu'ils croient inexpugnable. Je veux parler de l'histoire. Si le gouvernement absolu est le meilleur, disent-ils , c'est donc parce qu'il est le plus juste , le plus humain, le plus clément : en un mot un prince pour mériter d'exercer sur une nation un pouvoir illimité , doit être l'homme le plus vertueux de cette nation ; mais si nous ouvrons l'histoire , nous trouvons que tous les souverains absolus, quelque court qu'ait été leur règne , ont ensanglanté plusieurs pages de ce volumineux receuil des folies humaines. Dans l'histoire de France , par exemple, nous trouvons les croisades, la Saint-Barthélemi, les oubliettes, les assassinats juridiques, des guerres civiles , provoqués par un despotisme intolérable , etc.

N'est-il pas étonnant que des gens qui font profession de raisonner, jugent les choses aussi légèrement et statuent d'après les effets , sans vouloir s'arrêter aux causes qui les ont produites; or, la cause qui les a fait entreprendre les croisades était très-juste, très-louable et très-généreuse, puisqu'il s'agissait de forcer les infidèles à aller en paradis. C'est, à coup sûr, une action très-philantropique que d'endoctriner les gens à grands coups d'épée; et il serait difficile de donner à son prochain de plus grandes preuves de son amour pour lui, que de s'exposer à être tué pour le forcer à faire son salut. Ce qui est fâcheux, c'est que ces entreprises n'aient pas été couronnées d'un plein succès; toutefois les peuples auraient mauvaise grâce à se plaindre des pertes qu'ils ont faites dans ces expéditions; car ces pertes ne s'élèvent pas au-delà de quatre ou cinq millions d'hommes, tandis que deux puissans monarques, Richard et saint Louis, ont payé de leur vie l'honneur d'avoir fait ces saintes et immortelles campagnes. Or, ces souverains étant à leurs sujets dans la proportion d'un à vingt millions, il est clair que la perte des rois a été quatre fois plus considérable que celle des peuples. Je défie le plus profond mathématicien de me prouver que ce calcul soit faux; et, s'il est juste, n'est-ce pas là le cas de dire à mes adversaires : *De quoi donc vous plaignez-vous?*

Pour ce qui est de la Saint-Barthélemi et des autres pécadilles dont j'ai parlé plus haut, je pourrais me contenter de vous répéter ce que disent de savans écrivains de nos jours, *que c'étaient des rigueurs nécessaires*; mais j'irai plus loin; je vous prouverai que les souverains qui ont exercé ces rigueurs n'ont pas, pour cela, cessé d'être justes et bienfaisants ; que chaque coup de la carabine avec laquelle Charles IX haranguait les huguenots, était un acte de justice, ou un bienfait, et, pour vous prouver cela en peu de mots, je me servirai du dilemme suivant :

Chacun de ceux que plomb meurtrier atteignait, était coupable ou était innocent.

S'il était coupable, on faisait donc un acte de justice en le punissant.

S'il était innocent, il cueillait la palme du martyre, et il entrait d'emblée dans le royaume des cieux, pour y jouir d'une béatitude éternelle : certes, c'est là un sort digne d'envie, et on ne peut nier que celui qui procure à son prochain un sort digne d'envie, ne soit un être bienfaisant.

Puisque j'ai annoncé l'intention de battre les philosophes avec leurs propres armes, je ne manquerai pas de m'emparer du système des compensations, à l'aide duquel l'un d'eux s'est fait une si grande réputation. Ainsi je leur dirai : Je vous accorde pour un instant que les rois absolus ont quelquefois été cruels et injustes envers leurs sujets ; mais puisque vous prétendez que tout ici-bas n'est que compensation, *De quoi donc vous plaignez-vous ?* Car, en supposant que les croisades, les dragonnades, etc., ne soient pas des mesures sages, ce qui est loin d'être vrai, le *Trésor des chartes* est plein de monumens irrécusables de la tendre sollicitude des souverains pour leurs sujets. Par exemple, le bon roi Jean fit une ordonnance tout exprès pour défendre aux filles de joie qui demeuraient dans les environs de la Sorbonne, de jeter leurs pots de chambre sur la tête des philosophes qui allaient soutenir leurs thèses. Notez bien que ce fut pour des *philosophes* que le bon roi Jean fit cette ordonnance, laquelle fut SCELLÉE EN CIRE VERTE ET EN LACS DE SOIE. Il est vrai que les philosophes du quatorzième siècle ne ressemblaient guère à ceux du dix-neuvième : ces derniers sont des infâmes inspirés par l'esprit malin, tandis que les premiers étaient de saints et pieux personnages qui ne disputaient que pour savoir si un homme devenait ou ne devenait pas Dieu, lorsqu'on était convenu de l'appeler pape; si un enfant âgé de trois jours, et assez perverti pour mourir sans avoir reçu le baptême, était ou n'était pas damné, et pour éclaircir d'autres points de la même importance. Le roi Jean fit donc très-sagement de prendre le parti des philosophes contre les pots de chambre des filles de joie, lesquelles, on ne sait trop pourquoi, se trouvaient être en très-grand nombre aux environs de la Sorbonne.

Le bon roi Jean ne s'en tint pas là, car il paraît que c'était un terrible champion, sur le chapitre des ordonnances; ainsi après avoir réduit les pots de chambre à se tenir sur la défensive, il fulmina un autre décret contre les marchandes de poisson, dans lequel il tançait vertement celles qui s'avisaient de ne pas vendre le soir ce qu'elles avaient acheté le matin, ou qui ne s'empressaient pas de fermer boutique lorsqu'elles entendaient sonner primes, laudes, vêpres ou complies. Mais ce qui mit le sceau à la réputation de grand législateur que s'était faite le roi Jean, ce fut son édit *contre les blasphémateurs, ou ceux qui font le vilain serment*; il y est dit :

« Celui qui aura juré, blasphêmé, ou fait le vilain « serment, sera attaché au pilori, et tout notre « *pueple* de notre bonne ville de Paris lui pourra jeter « au visage de la boue et autre villenie, pourveu « qu'il n'y eût parmi des pierres ou autres choses « qui le puissent blesser.

« Item, pour la seconde fois qu'il aura fait le vilain « serment, il aura les lèvres percées d'un fer rouge.

« Item, à la tierce, il aura la lèvre coupée.

« Item, à la quarte, on lui coupera la langue.

« Et s'il advient qu'il soit incorrigible, et qu'il fasse « encore le vilain serment, il pourra être mis à « mort. »

Le roi Jean, comme on voit, était prévoyant; il avait une cheville pour chaque trou.

Je sais bien que les raisonneurs ne manqueront pas de me demander comment il pourrait se faire que des gens à qui on aurait coupé la langue, blasphémassent encore. A cela le roi Jean n'eût pas manqué de répondre : Pourquoi un homme sans langue ne blasphémerait-il pas ? Balaam avait bien un âne qui prophétisait !

En effet, l'un n'est pas plus extraordinaire que l'autre. Ce que c'est que d'avoir la foi !... et combien

sont coupables les impies, les réprouvés qui lui pré-
fèrent la raison !...

Il est une autre preuve historique de l'excellence
du pouvoir absolu, et cette preuve est sans replique.
Certes Louis XIV était bien un souverain absolu; car
il ne semble pas qu'un prince qui dit : *La nation,
c'est moi*, soit disposé à se laisser influencer par le
peuple, ni à lui reconnaître des droits politiques;
et cependant c'est sous Louis XIV qu'on vit éclore
les plus grands génies, et le siècle de ce Prince reçut
de la postérité le nom de *siècle des grands hommes.*
En vain me dira-t-on que si Molière, Racine, Boileau,
La Fontaine, etc., avaient du génie, ce n'était pas
la faute du Roi qui les gouvernait : sans faire de
grands frais de mémoire, je prouverai facilement
que, sous un gouvernement absolu, les sujets n'ont
d'esprit et de génie que ceux que le prince veut bien
leur permettre d'avoir, et il est clair que les grands
hommes que je viens de citer, n'avaient et ne pou-
vaient avoir de génie qu'autant que cela s'accordait
avec le bon plaisir de sa majesté. Quant au point sur
lequel les raisonneurs s'appuient, savoir que les souverains absolus faisaient punir de prétendus coupables
sans les faire juger, cela prouve seulement que ces
bons rois avaient horreur du scandale, et en cela ils
se conformaient à la morale de Jésus-Christ, qui a dit :
Malheur à celui de qui vient le scandale.

Après avoir battu les raisonneurs sur tous les
points, et avoir forcé tous leurs retranchemens, je veux

leur porter une dernière botte qui anéantirait certai-
nement cette race exécrable, si elle ne ressemblait aux
têtes de l'hydre qui renaissaient à mesure qu'on les
coupait; et pour cela, je vais ranger en bataille une
foule de preuves incontestables, à l'appui de l'excel-
lent système que j'ai entrepris de défendre.

Première preuve. — Les empereurs de la Chine
sont des souverains absolus, et cependant l'empire
chinois est le plus ancien de la terre. Il est vrai que les
sciences et les arts n'y font pas de progrès, et que,
depuis un grand nombre de siècles, les usages, les
mœurs et les connaissances sont *in statu quo ;* mais
cela prouve encore mieux la bonté et les avantages
de ce gouvernement. Les Chinois ont une grande
vénération pour ce refrain essentiellement moral :

Si nous somm's bien, tenons-nous-y.

Et la preuve qu'ils se trouvent bien comme ils sont,
c'est qu'ils y restent depuis plus de quatre mille ans.
Ces bonnes gens sont d'ailleurs persuadés qu'on n'a
pas besoin des sciences et des arts pour vivre. Au reste,
nous devons à la vérité de dire que cette manière de
voir commence, fort heureusement, à trouver des
partisans parmi nous; et nous remarquons avec plaisir que, depuis quelque temps, les ignorants sont les
gens qui *vivent le mieux.*

Seconde preuve. — Quelque cruelles et injustes
que puissent paraître les actions des souverains abso-

lus , elles sont cependant justes et bonnes. L'empereur Constantin qui fit étrangler sa mère , qui tua sa femme de sa propre main , et dont l'histoire rapporte une foule d'autres traits en apparence injustes et cruels, l'empereur Constantin , dis-je, était si juste et si vertueux que Dieu le chérissait : cela est si vrai, que le Seigneur lui fit voir une croix dans le ciel : or , il est évident qu'il faut être favorisé du Très-Haut pour voir une croix dans le ciel.

Troisième preuve. — En remontant des effets aux causes , on trouve que s'il arrive quelque catastrophe dans un pays gouverné par un roi absolu, c'est toujours la faute des sujets, et jamais celle du prince. Si le saint roi David fit tuer son général Uri , nous trouvons, en remontant à la cause de ce meurtre, que c'était parce que Uri avait une jolie femme. Dieu, pour punir ce crime, envoya la peste à son peuple ; ce fléau tua quarante mille hommes, et David continua à se bien porter ; ce qui prouve que ce n'était pas la faute du saint roi, si Uri avait une jolie femme ; la faute en était tout entière à ce dernier. Or, Uri faisant partie du peuple , il était juste que le peuple expiât le crime d'Uri, et le crime fut expié.

Quatrième preuve. — De tous les gouvernemens du monde, ceux où il s'est fait le plus de miracles, sont , sans contredit, les gouvernemens absolus. Il s'est fait beaucoup de miracles en France avant la révolution ; en Espagne, presque chaque jour était té-

2*

moin de quelques nouveaux prodiges , et cela dura
jusqu'à la proclamation de la constitution des cortès.
S'il y a très-long-temps qu'il ne s'en fait plus en
Angleterre , c'est que les habitans de ce pays ont
toujours eu dans l'esprit une certaine tendance à la
liberté , et qu'ils ont été les premiers à établir le gouvernement représentatif. A Naples, les miracles sont
aujourd'hui plus fréquents que jamais. L'Italie, en
général, continue à être féconde en prodiges. Il est
vrai qu'il ne s'en fait plus en Grèce ; mais on assure
que , depuis que les Grecs se sont avisés de penser que
Dieu n'avait pu choisir un prince mahométan pour
gouverner des chrétiens , on assure, dis-je, que, depuis que l'on raisonne en Grèce , les miracles devien-
nent chaque jour plus fréquents en Turquie, de sorte
qu'il ne faut pas désespérer de voir le grand-seigneur
devenir catholique, les janissaires se faire capucins
ou jésuites ; et qui sait s'il ne prendra pas envie quelque jour aux pirates d'Alger de se faire missionnaires?
On peut tout espérer d'un peuple gouverné par un
prince tout puissant ; car il est évidemment protégé
de Dieu, celui qui dit : Obéissons, *quand même.*
Mais celui-là en est abandonné, qui dit : Avant que
d'obéir, je veux être sûr que ce qu'on me commande
est juste.

Cinquième preuve. — Bien que Henri IV ne fût
pas catholique, Dieu ne laissa pas de le protéger tant
que ce souverain marcha dans la bonne voie; mais ce
prince s'étant avisé de dire aux états-généraux assem-

blés à Rouen : « Je ne vous appelle point, comme fai-
» saient mes prédécesseurs, pour vous obliger à suivre
» aveuglément mes volontés ; mais pour recevoir vos
» conseils, pour les suivre, et pour me mettre en
» tutelle entre vos mains. C'est une envie qui ne prend
» guère aux rois, aux vainqueurs et aux barbes grises ;
» mais l'amour que je porte à mes sujets, me rend tout
» possible et tout honorable. » Dès ce moment Henri,
qui cependant avait abjuré le protestantisme, fut
néanmoins abandonné de Dieu ; et ce qui le prouve
mieux que tous les raisonnemens, c'est que les jésuites qui sont, comme on sait, les plus saints personnages et les plus *honnêtes gens du monde*, firent
assassiner ce monarque.

Sixième preuve. — Une nation est gouvernée par
un seul chef ; supposons un instant, et accordons
aux raisonneurs que ce chef soit nécesairement bar-
bare et cruel ; ne vaut-il pas mieux encore avoir af-
faire à un méchant homme qu'à trente ? Les philosophes prétendent que les souverains absolus sont des
monstres, et au lieu d'un souverain par nation ils en
voudraient dix, cent, mille... n'est-il pas évident que,
d'après leur raisonnement, les philosophes voudraient augmenter le nombre des méchants ? Si un
roi absolu est bon, gardons-le bien, car c'est chose
précieuse ; s'il n'est que *passable*, gardons-le bien,
car nous pourrions trouver pire, et c'est le cas de
rappeler une foule d'excellens proverbes tels que :

un TIENS *vaut mieux que deux* TU L'AURAS *; il ne faut pas acheter chat en poche ; qui choisit prend pis ; manant de bout vaut mieux qu'empereur enterré ; on sait qui l'on quitte, on ne sait pas qui l'on prend,* etc. Enfin si un roi est méchant, gardons-le bien ; car dans ce cas, je le répète, un est préférable à dix : *il n'est qu'heur et malheur en ce monde* ; nous devons craindre de *tomber de fièvre en chaud-mal.* Les Turcs, dont nous ne prisons pas assez la sagesse, n'ont qu'un souverain, et on ne voit pas que l'envie leur ait jamais pris de s'en donner plusieurs : ils pensent que si, au lieu d'un maître, ils en avaient trois, ainsi que cela existe dans quelques républiques, et que chacun des trois eût autant de pouvoir que l'unique souverain qu'ils possèdent ; ils pensent, dis-je, que si cela était, il tomberait chaque matin vingt-huit têtes de plus : passe encore pour quatorze, cela d'ailleurs a son bon côté, les sujets de sa hautesse ont eu le bon esprit de se le persuader ; mais il n'est pas certain qu'ils s'accomoderaient d'en voir tomber quarante-deux. En vérité, ces gens-là pensent bien, et si je n'avais peur de passer pour hérétique, ce qui serait un grand malheur, je croirais que les Turcs sont favorisés de Dieu. Toutefois j'ose affirmer que s'il leur prend quelque jour la fantaisie de renoncer à l'Alcoran, de croire à l'infaillibilité du pape, aux saints mystères de la Trinité, de l'Incarnation et de l'Eucharistie, j'affirme, dis-je, qu'alors ils approcheront de la perfection ; ils n'auront plus qu'un pas à faire pour y arriver; mais s'ils joignent à tout cela quelques bonnes légions de jésuites, et s'ils chargent les frères ignorantins d'enseigner à leurs enfans *la Croix de par Dieu*, ils auront atteint le *nec plus ultra*, et la Turquie sera la nation par excellence, le pays des *hommes bien pensants*.

Je pourrais très-facilement multiplier mes preuves jusqu'à l'infini; mais je pense avoir démontré *l'excellence du pouvoir absolu*, de manière à faire perdre aux philosophes l'espoir de me vaincre par leurs raisonnemens : mes preuves sont sans réplique, et ma logique est capable de réduire au silence les plus intrépides ergoteurs; mais s'il en était un parmi eux assez téméraire pour oser se mesurer avec moi, puisse-t-il descendre promptement dans l'arène, afin que je compte bientôt un ennemi de moins et un triomphe de plus !

Enfin, puissent les philosophes et leurs doctrines, dont ils font tant de cas, puisse tout cela n'être bientôt qu'un monceau de ruines sur lesquelles les absolutistes planteront le sceptre et la croix, avec cette iuscription sublime; TRIOMPHE DU POUVOIR ABSOLU !!!.....

FIN.

www.ingramcontent.com/pod-product-compliance
Lightning Source LLC
Chambersburg PA
CBHW060809280326
41934CB00010B/2620